D1754568

Finow

in

historischen

Fotos

Im Auftrage der Ortsteilverwaltung zusammengestellt von Helmut Knop

© 1992 dbw-Märkischer Kunst- und Heimatverlag

Alle Rechte vorbehalten.

Ohne schriftliche Genehmigung des Verlages und der Autoren ist es nicht gestattet, dieses Buch oder Teile daraus in irgendeiner Form zu vervielfältigen oder unter Anwendung elektronischer bzw. mechanischer Systeme zu speichern, auszuwerten und zu verbreiten.

1. Auflage 5 000

Idee und Gestaltung: Günter G. A. Marklein
Text und Bildauswahl: Helmut Knop

ISBN 3-925354-12-3

Der Ortsteil Finow - im Bundesland Brandenburg gelegen - ist der gemeinsamen Stadt Eberswalde-Finow westlich vorgelagert und mit der Autobahn, dem alten Finowkanal sowie dem Oder-Havel-Kanal, mit der Bundesbahn und dem Flugplatz verbunden. Die landschaftliche Umgebung Finows ist gekennzeichnet durch große Waldflächen und viele Teiche und Seen.

Im Ortsteil Finow läßt's sich leben, was man immer wieder von den Bürgerinnen und Bürgern erfährt. Wer hier einmal wohnte, kommt gern zurück.

So soll auch dieses erste Buch seit Jahrzehnten ein Schritt auf dem Weg zur Erarbeitung einer Chronik Finows sein.

Im Jahre 1970 wurde die Stadt Finow in die dominierende Stadt Eberswalde eingemeindet und gehört heute zur Stadt Eberswalde-Finow, wobei sie hier bestimmt eine Sonderstellung einnimmt, die in jedem Fall beibehalten werden sollte.

Mit Phantasie und Freude an einer guten individuellen Gestaltung, die sich dennoch einer gemeinsamen Leitlinie unterordnet, kann und wird unser Finow sein Gesicht bewahren und sich positiv weiterentwickeln.

Das ist aus dem Herzen der Finower gesprochen. Doch zurück zum Buch.

Einige Herren haben diese Arbeit geleistet, doch nicht unerwähnt bleiben soll, daß das Museum Eberswalde beim Zusammentragen des Materials weitgehende Unterstützung gab.

Mein besonderer Dank gilt dem Autor, Herrn Helmut Knop, der mit viel Engagement historisch Finow zur Chronik aufgearbeitet hat, Herrn Christoph Scholz, der alles koordinierte und sich besonders mit dem Bildmaterial auseinandersetzte und Herrn Marklein, dem Verleger. Ohne ihn wäre das Erscheinen nicht möglich gewesen.

Dieses Team ist es wohl dann auch, dem wir es verdanken, daß wir heute dieses Buch in den Handel bringen können.

Möge das Buch **„Finow in historischen Fotos"** dazu beitragen, daß sich der Leser mit der Geschichte des Ortes Finow befaßt und es bei den Einwohnern des Ortsteils und bei der übrigen Leserschaft guten Anklang findet.

Rainer Gruzialewski

Ortsbürgermeister von Finow

Im Oktober 1928 entstand westlich von Eberswalde aus Zusammenlegungen eine Großgemeinde mit dem neuen Namen „Finow". 1935 bekam der Ort Stadtrecht, dieses wurde ihm am 29. Januar 1937 feierlich verliehen. Während Eberswalde seit 1911 einen eigenen Stadtkreis bildete, gehörte Finow zum Landkreis Oberbarnim, dessen Kreisstadt Bad Freienwalde (O.) war. Durch eine Verwaltungsreform im Juli 1952 gingen Eberswalde und Finow als selbständige Städte in den neu geschaffenen Kreis Eberswalde ein. Im März 1970 erfolgte nach Zustimmung durch beide Stadtverordnetenversammlungen ein Zusammenschluß von Eberswalde und Finow zur Stadt „Eberswalde-Finow". 1991 erhielt der Ortsteil Finow entsprechend den Forderungen vieler Bürger und in Beachtung von Erfahrungen in den alten Bundesländern des vereinigten Deutschlands wieder eine Ortsteilverwaltung.

Eberswalde und Finow besitzen keine Gründungsdokumente. In einer Urkunde vom Jahre 1294 wurden beide Orte gemeinsam erstmals erwähnt. Markgraf Albrecht V. schenkte damals „den Hof mit der Mühle in Heghermole nebst dem Oberwasser der Finow, die Mühle zu treiben, sowie den Zins vom Krug daselbst" als Unterhalt für den Eberswalder Geistlichen. Die askanischen Markgrafen waren schon am Ende des 12. Jahrhunderts „in einem schmalen Streifen beiderseits der Finow" bis zur Oder vorgestoßen und hatten im Rahmen der deutschen Eroberung der Mark Brandenburg mehrere Burgen gegründet, unter ihnen Oderberg und Biesenthal. Auch in Eberswalde befand sich eine Burg, wie erstmalige Beurkundungen aus dem Jahre 1276 beweisen. Bis 1250 hatten die Askanier alle Gebiete nördlich der Finow, die sogenannte Uckermark, und südlich der Finow, den Barnim, fest in ihrer Hand. Die Markgrafen warben westlich der Elbe und im schon besetzten Teil der Mark Brandenburg Kolonisten für die neuen Lande an. Bei Eberswalde ist eine vorherige slawische Besiedlung nachgewiesen. „Heegermühle", das ist der Altname von Finow, scheint eine askanische Gründung zu sein.

Der sensationelle Goldfund beim Wohnungsbau in Messingwerk im Jahre 1913, ein bedeutender Bronzeschatzfund auf Ziegeleigelände beim Mäckersee im Jahre 1889 und andere lassen eine Besiedelung des Finower Gebietes in der Jungsteinzeit und insbesondere in der Bronzezeit annehmen. Eine Ausgrabung in den fünfziger Jahren unseres Jahrhunderts, auch auf dem Ziegeleigelände am Mäckersee gemacht, förderte Reste einer germanischen Siedlung aus den ersten Jahrhunderten nach unserer Zeitrechnung zutage.

Heegermühle, bis um 1780 „Hegermühle" geschrieben, hatte anfangs Zollstättenrechte. Diese gingen aber im 14. Jahrhundert auf Eberswalde über. Die schon früh gebaute alte Feldsteinkirche Heegermühles, ursprünglich sogar „Mutterkirche" der Eberswalder Kirche, verlor sehr bald wieder den eigenen Pfarrer und Heegermühle wurde von Eberswalde her seelsorgerisch betreut. Dieser Zustand endete erst 1855. Das Landbuch von 1375 wies Heegermühle als Dorf aus, in dem (Kleinbauern) sechzehn Kossäten lebten. Hinzu kamen Müller und Krüger, insgesamt 150 Seelen. Neben der Eberswalder Kirche besaßen stets auch weltliche „Grundherren", Ritterfamilien, Rechte auf Abgaben und Dienste, in Heegermühle am längsten, von 1412 bis 1603, die Herren von Termow auf Klobbicke. Wegen der Hüterechte im Wald lagen die Heegermühler des öfteren mit den Biesenthaler Herren im Streit. 1606 übernahm der Kurfürst durch Tausch Heegermühle. Nun bestimmte der Amtmann aus Biesenthal verwaltungsmäßig in den Heegermühler Angelegenheiten mit und führte bis 1714 den Vorsitz im Thing, dem Rechtsprechungsforum für niedere Streitigkeiten. Heegermühle zählte 1624 nur 102 Einwohner (11 Bauern, 2 Kossäten).

Trotzdem waren im Ort ab 1608 bedeutende Veränderungen eingetreten. Die Mühlenrechte und Mühlenpflichten waren auf die Mühle in Schöpfurth (heute Ortsteil von Finowfurt) übergegangen. Die Mühle in Heegermühle ließ der damals regierende Kurfürst in einen Eisenhammer umwandeln. Dieser sollte Raseneisenerz verarbeiten, das aus den Wiesenböden gewonnen wurde. Den Gewinn des Eisenhammers wollte man zur Finanzierung des ersten Finowkanalbaus mitverwenden. Aus dem gleichen Grunde ging zwischen Eberswalde und Heegermühle auch noch ein Kupferhammer an der Finow in Betrieb. Den Antrieb besorgten Wasserräder. Im Zeitraum von 1605 bis 1620 entstand dann auch ein Finowkanal. Heegermühle erhielt eine Schleuse. Das vor der Schleuse angestaute Wasser trieb über einen Nebenablauf (Freiarche oder Freigraben genannt) den Eisenhammer an, ein

Prinzip, das auch in gleicher Weise bei den noch entstehenden Werken am Finowkanal Anwendung fand. Der Kanal und der Eisenhammer existierten nicht lange. Beide wurden im Dreißigjährigen Krieg zerstört.

Doch schon 1660 errichtete man auf kurfürstliche Weisung hin auf den Trümmern des Heegermühler Eisenhammers einen Blechhammer. Diesem wurden wie dem auch wieder aufgebauten Kupferhammer Schutzrechte zum landesweiten Absatz der Erzeugnisse gewährt. Ab 1698 verwandelte sich der Blechhammer schnell in ein Messingwerk, das die Produktion im Jahre 1700 aufnahm. Im gleichen Jahr ging drei Kilometer weiter östlich von Heegermühle eine von Hugenotten privat geschaffene Eisenspalterei in Betrieb, zu der zwei Jahre später noch ein Drahthammer kam. Beim Messingwerk und bei der Eisenspalterei entstanden Werkssiedlungen, die sich zu selbständigen, vom Dorf Heegermühle weitgehend unabhängigen Orten mit Gutsbezirkscharakter entwickelten. Hier durfte auch ein Krug betrieben werden. Zu den Gottesdiensten mußten die Bewohner der Werkssiedlungen allerdings nach Heegermühle. Auch ein eingeführter Schulunterricht fand vorerst in Heegermühle statt. Im Jahre 1801 zählte die Wohnsiedlung Messingwerk 376 Einwohner, die Wohnsiedlung Eisenspalterei dagegen nur 76, verteilt auf 12 Feuerstellen. Heegermühle hatte jetzt 187 Bewohner (11 Bauern, 3 Kossäten, 18 Büdner), verteilt auf 38 Feuerstellen.

1730 war in Heegermühle als weitere Produktionsstätte eine Papiermühle in Betrieb genommen worden. 1760, im Siebenjährigen Krieg von Kosaken in Brand gesteckt, wurde sie, um weitere Streitigkeiten mit dem Messingwerk wegen des Wassers zu vermeiden, im Heegermühler Wolfswinkel neu aufgebaut und 1765 in Anwesenheit des Königs eingeweiht. Die ebenfalls bei diesem Werk aufgebaute Werkssiedlung hatte im Jahre 1817 siebenundneunzig Bewohner.

Alle Heegermühler Werke nutzten den von 1744 bis 1746 zum zweitenmal gebauten Finowkanal für den Antransport von Rohstoffen und für den Abtransport ihrer Waren. Da der Kanal Anschluß an Havel, dadurch auch zur Spree, und zur Oder besitzt, bestand die Möglichkeit zu weitgespannten Handelsbeziehungen.

1801 löste in Heegermühle ein neues größeres Schulhaus das baufällig gewordene und zu kleine ältere Gebäude ab. Aber Eisenspalterei erhielt 1830 eine eigene Schule, Messingwerk 1835. Trotzdem sich in Heegermühle in den Jahren 1868, 1891 und 1901 in Teilschritten ein richtiggehender Schulkomplex entwickelte, verloren die Schulen in Eisenspalterei und Messingwerk erst in unserem Jahrhundert allmählich ihre Bedeutung. Messingwerk hatte 1923 sogar noch einmal eine neue, sehr moderne Schule bekommen.

Die Werke am Finowkanal nutzten im 19. Jahrhundert den technischen Fortschritt. Dampfkraft ergänzte zuerst die Wasserradantriebe, ersetzte sie dann aber schließlich. Im Gebiet von Eisenspalterei kamen am Ende des 19. Jahrhunderts zwei weitere Betriebe hinzu. Das 1909 zwischen Heegermühle und Wolfswinkel fertiggestellte Kraftwerk versorgte das gesamte Finowtal mit dem benötigten Strom und lieferte auch weit ins Land hinein Energie. Die jüdische Familie Hirsch, die das zuvor seit 1786 im Staatsbesitz befindliche Messingwerk im Jahre 1863 erwarb, baute die Produktionsstätte zu einem bedeutenden Lieferanten für Infanteriepatronen und Artilleriegeschoßhülsen aus, stellte aber auch Kondensatorrohre für die Schiffe der kaiserlichen Marine her und lieferte selbstverständlich ebenso für den Lokomotiv- und Eisenbahnbedarf sowie für zivile Besteller Messingerzeugnisse der verschiedensten Art. Vor allem durch und unter Siegmund Hirsch wurde das 1917 bis 1920 konzipierte und aufgebaute Neuwerk zum modernsten Messingwerk Europas entwickelt. Es arbeitete mit 24 Elektroschmelzöfen.

Das Dorf Heegermühle verwandelte sich nach 1850 in einen wichtigen Standort der Ziegelherstellung. Elf Ziegeleien gewannen aus dem bisherigen Bauernland im Tagebau Ton. Millionen von Mauersteinen gingen vor allem in den sogenannten „Gründerjahren" aus Heegermühle und den umliegenden Gemeinden am Finowkanal per Kahn nach Berlin und dienten dort dem Aufbau ganzer Stadtviertel. Als bei Zehdenick am Beginn unseres Jahrhunderts modernere Ziegeleien auf kürzerem Wege nach Berlin liefern konnten, endete bei uns der „Boom". Nur noch viele ehemalige Tongruben und Namen erinnern an die Ziegeleizeit. Die Werke des Finowtals kauften das Gelände auf, die Stammarbeiter der

Ziegeleien lernten, sich in der Industrieproduktion zurechtzufinden. Aus dem Bauerndorf Heegermühle war in einem halben Jahrhundert ein Wohnort von Arbeitern und Werksangestellten geworden.

1895 zählte Heegermühle schon 2.929 Einwohner. Die alte Feldsteinkirche des Dorfes am Fuße des heutigen Kirchberges war für die Gläubigen des Gebietes schon lange nicht mehr ausreichend gewesen. Das Läuten der Glocken hatte man 1878 einstellen müssen, da der ganze Turm wackelte und einzustürzen drohte. Im Jahre 1891 wurde die weithin sichtbare neue Kirche oben auf dem Kirchberg eingeweiht.

Bis 1893 gab es in Heegermühle keinen dauerhaft ansässigen Arzt. Dem dann hier wirkenden Dr. Paul (gestorben 1917) verdankte Heegermühle aber nun sogar schnell ein eigenes Krankenhaus. Viel später erst wurde in Heegermühle auch eine ordentliche zahnärztliche Versorgung gewährleistet.

Jahr für Jahr dehnte sich Heegermühle in unserem Jahrhundert aus. Rege Bautätigkeit war auch in den Werkssiedlungen zu verzeichnen. Neue Straßenzüge und Siedlungskomplexe entstanden. Eine Besonderheit blieb insbesondere für Heegermühle, daß zu fast jedem Haus ausgedehnte Gärten gehörten, oft hinter den Wohnhäusern befindlich. Die Werkssiedlung Messingwerk brachte 1928 in die neue Großgemeinde Finow 780 Einwohner ein, Eisenspalterei 313, Wolfswinkel 48, Heegermühle 6.081. Von 1934 bis 1938 wuchs hinter dem Oder-Havel-Kanal (damals Hohenzollernkanal genannt), in den Jahren von 1905 bis 1914 als künstliche Wasserstraße erbaut und den Finowkanal ergänzend und ablösend, eine ausgedehnte Eigenheimsiedlung empor, fast ausschließlich von Arbeitern des Messingwerkes bewohnt und auch von diesem finanziell beim Bau unterstützt. 1939 zählte Finow 10.481 Bewohner. Mit den Fliegern des kurz zuvor entstandenen Militärflugplatzes am südlichen Ortsrand, mit den vielen Kriegsgefangenen und Zwangsarbeitern, die in den Werken eingesetzt wurden, lebten in der Zeit des zweiten Weltkrieges im Bereich von Finow viel mehr Menschen.

Da alle Werke des Finowtals Rüstungsgüter hergestellt hatten oder Rüstungskonzernen unterstanden, wurden sie 1945/1946 weitgehend oder vollständig demontiert. Der Wiederaufbau mit zum Teil ganz anderem Produktionsprofil bereitete viel Mühe. Das in der Weltwirtschaftskrise 1930 stillgelegte Walzwerk der Eisenspalterei nahm 1947 mit uralter Technik seine Produktion wieder auf und versorgte als erstes Werk seiner Art nun die sowjetische Besatzungszone mit Stabstahl. Heute haben alle Werke Finows mit Anpassungsschwierigkeiten an die Industrieproduktion des vereinigten Deutschlands zu kämpfen oder gehen als Produktionsstandorte ein.

Durch Eberswalde verläuft eine der ältesten langen deutschen Eisenbahnstrecken, 1842 eingeweiht. Sie führte und führt bis Stettin (Szczecin) und Danzig (Gdansk), aber auch nach Stralsund und Saßnitz. Eberswalde wurde durch den Bau weiterer Strecken zu einem Eisenbahnknotenpunkt. Da unsere Werke über den Finowkanal, später dann auch zum Teil über den Oder-Havel-Kanal den Kahntransport bevorzugten, bekam Heegermühle erst spät, 1907, Bahnanschluß über eine sogar privat betriebene Kleinbahn. Nach Eberswalde mußte man von Heegermühle aus zuvor zu Fuß tippeln oder benutzte einen Pferde-„Omnibus" bzw. die Pferdepost. Nach dem ersten Weltkrieg ergänzte eine Kraftpostlinie den Kleinbahn- und schließlichen Schienenbusbetrieb. In die Werke fuhren viele per Rad auf gut ausgebauten Radfahrwegen. In den letzten drei Jahrzehnten war der Personentransport auf der Nebenstrecke Eberswalde-Finowfurt eingestellt worden. Busse hatten die Beförderung übernommen. Seit kurzem sind Eberswalde und Finow über ein Oberleitungsbusnetz verbunden.

Dem Besucher des Ortsteiles Finow oder dem Durchfahrenden fällt heute ein gewaltiger Gegensatz auf: Der Altort präsentiert in bestimmten Bereichen sogar noch seine dörfliche Herkunft. Der ehemalige Dorfanger ist noch erkennbar. Die jahrhundertealten Werkssiedlungen heben sich räumlich getrennt im Ortsbild ab. Alt-Finow wirkt wie eine Kleinstadt. Abrupt wechselt dann das Aussehen zwischen dem alten Heegermühle und Wolfswinkel. Block an Block stehen hier auf früherem Hochwaldterrain eine ganze Reihe von DDR-typischen Neubaukomplexen, sogenannte „Schlafsiedlungen", ohne eine einzige Gaststätte, ohne Geschäfte und Dienstleistungseinrichtungen. An der Peripherie befinden sich Schulen, Kindertagesstätten und bei jedem Großkomplex eine Kaufhalle. Etwas stärker mit Versorgungselementen durchsetzt ist das tiefer im ehemaligen Wald gelegene größte Neubaugebiet der Kreisstadt, das territorial gesehen auch zu Finow gehört. Es ist noch viel Arbeit zu leisten, um alle Teile des ehemaligen Finow harmonisch miteinander zu verbinden, aber auch aus den zusammengelegten Orten eine einheitliche Stadt zu machen. Ansätze dazu werden mehr und mehr sichtbar.

Jeder Naturfreund schwärmt vom Umfeld der Kreisstadt, auch des Ortsteiles Finow. Im Süden grenzt ein großes Waldgebiet direkt an die Wohngebiete heran, märkische Kiefernheide. Im Norden schiebt sich an die Siedlung hinter dem Oder-Havel-Kanal das Biosphärenreservat Schorfheide bis an die Gärten. Kranichrufe sind im Frühjahr zu hören, im Winter wimmeln unzählbare Mengen von Wildgänsen, aber auch Singschwäne auf den nahen Feldern. Mitten durch die ganze Kreisstadt, auch durch Finow, zieht sich das „Eberswalder Urstromtal". Sein Wasserlauf, die Finow, der „Finowkanal", wird nicht mehr wirtschaftlich genutzt. Seine fast durchgängig naturbelassenen Ufer sind verwildert und wurden zu einem Refugium für verschiedenartige Wassergeflügel- und Vogelarten. Ein in Eberswalde stationiertes kleines Ausflugsschiff erschließt die Kanalstrecke jetzt wieder in seiner ganzen Ausdehnung. Auch die Kanalwege sollen erneut begehbar gemacht werden. Vielleicht reduziert das wieder die Vogelwelt.

Nicht weit westlich und nördlich von Finow zieht sich die Autobahn, die A 11, durch die Landschaft. Von Eberswalde und Finow aus sind bekannte märkische Ausflugsziele schnell erreichbar.

Über Eberswalde gibt es verschiedene historische Veröffentlichungen, die den Bürgern bekannt sind. Walter Wewezer, ein Lehrer, der kurz nach der Jahrhundertwende in Heegermühle gewirkt hat, beschäftigte sich ausführlicher mit der Ortsgeschichte. Sein Material blieb Manuskript. Von F.W. Otto Brachlow besitzen manche ältere Finower eine kleine Darstellung über die Geschichte Heegermühles. Rudolf Schmidt, der bedeutendste Heimathistoriker Eberswaldes und des Oberbarnim, brachte immer wieder auch über Finow und die Werkssiedlungen am Finowkanal Einzeldarstellungen heraus. Es fehlt aber gegenwärtig eine greifbare Übersicht über die Geschichte Finows. Das kleine Büch-

Das Gemeindesiegel Heegermühles, des ältesten Ortsteiles. Im Oktober 1928 erhielt die gesamte neu geschaffene Großgemeinde den Namen Finow. Ein anderes Wappen mußte entwickelt werden (siehe Titelseite)

lein soll Historisches erklären helfen und Interesse wecken. Zu eigenen Forschungen flossen in das Druckerzeugnis die oben genannten Autorenerkenntnisse als Grundlagen ein. Dank gebührt auch der steten Unterstützung der Arbeit durch das Stadt- und Kreismuseum.

Gruss aus Heegermühle b. Eberswalde

Seit 1891 grüßt der Turm der neuen evangelischen Kirche weithin. Die schon um die Jahrhundertwende entstandene Postkarte zeigt den Ortskern des damaligen Dorfes aus der Perspektive, wie die Schiffer vom Finowkanal aus Heegermühle gesehen haben.

Heegermühle

So zeigt sich die Gebäudestruktur der Brückenstraße noch heute. Zwei Masseure wirken jetzt in dem Haus, in dem lange Dr. Thele praktizierte. Generationen von Angehörigen der Freiwilligen Feuerwehr eilten bei Gefahr zu ihrem Gerätehaus, das rechts im Bild erkennbar ist. Die älteren Häuser der Brückenstraße stehen auf Grundmauern der Wohngebäude des Eisen- und Blechhammers, der hier im 17. Jahrhundert arbeitete.

„Goldgruben" nannte man die Gaststätten am Kanal, da die Schiffer lange vor dem Schleusen warten mußten und in den Wirtschaften zechten. Bis zu 60 Kähne waren am Tag durch eine Schleuse zu bringen, als der Finowkanal noch allein Oder und Havel verband.

Finow *Mühlenstrasse*

In der Mühlenstraße klapperten im 19. Jahrhundert tatsächlich Bockwindmühlen. Die Heegermühle den Namen gebende Wassermühle hatte der brandenburgische Kurfürst Joachim Friedrich 1608 in einen Eisenhammer umwandeln lassen. Aus diesem wurden nach dem Dreißigjährigen Krieg ein Blechhammer, später das Messingwerk. An der Mühlenstraßenecke befand sich der alte Heegermühler Dorfkrug. Von der Mühlenstraße aus fuhr man in der Nordrichtung auf einen in der Frühzeit bedeutenden Fernhandelsweg hinaus.

Für viele ein erstaunliches Bild: Ist dieses Hotel- und Gastwirtschaftsgebäude nicht das Rathaus von Finow? Ja, als Anfang der dreißiger Jahre abzusehen war, daß die neue Großgemeinde Stadtrecht bekommen wird, erwarb man das Haus und funktionierte es um. Die Friedenseiche vor dem Schulzenamt war 1873 gepflanzt worden. Sie ist heute ein imposanter Baum und erinnert an das einstmalige Hegething, die Rechtssprechung in niederen Angelegenheiten, welche auf dem Dorfanger vorgenommen wurde (1872 als Rechtsprechungsform abgeschafft).

HEEGERMÜHLE.

Man muß schon sehr genau hinsehen, um diese Aufnahme zu lokalisieren: Wir blicken vom „Großen Stern" auf dem Weg ins alte Dorf die Dorfstraße hinab. Deutlich hebt sich in der Mitte das Schulzenamt heraus, die heutige Tischlerei Lindemann. Der Bauerngutsbesitzer Eduard Brachlow, 1879 zum Gemeindevorsteher oder Ortsschulzen gewählt, leitete von seinem Hof aus die dörflichen Amtsgeschäfte bis zum Jahre 1903, als er starb.

Finow (Mark)
HEEGERMÜHLE   Blick nach dem Messingwerk

Das alte Lehnschulzenhaus, im Finower Volksmund auch „Tränenvilla" genannt. Das Gebäude stand bis vor kurzem im hinteren Winkel des Heegermühler Dorfangers. Es gehörte der Familie Müller, die zweihundert Jahre lang, von 1648 bis 1858, erblich den Ortsschulzen stellte. Der Ortsschulze war mit dem Lehnschulzengut belehnt und fungierte als Gerichtsschulze. Der Ortsschulze hatte auch den Gemeindebullen zu halten.

Tränen gab es in der Villa, als der Ortsschulze 1858 im Finowkanal ertrank. Tränen flossen erneut, als ein späterer Hausbesitzer, Leutnant Firson, 1895 im Duell fiel. Die Villa bewohnte in unserem Jahrhundert lange der hauptamtliche Gemeindesekretär Rohloff.

Mit dem 1904 eingesetzten hauptamtlichen Gemeindesekretär Max Rohloff endete die Tradition, daß der größte Bauer die Gemeindegeschäfte von seiner „guten Stube" aus leitete. Heegermühles erstes Amtsgebäude ist hier auf dem Bild zu sehen. Später beherbergte es den Polizeiposten, auch zeitweilig die Arbeitsamtsnebenstelle. Die Familie Hildebrandt gab dem Haus jetzt eine neue Funktion als Geschäftsgebäude.

Es gibt tatsächlich noch ein Foto der alten Heegermühler Kirche, einer typisch märkischen Feldsteinkirche. Im 13. Jahrhundert am Fuße des heutigen Kirchberges erbaut, Anfang des 18. Jahrhunderts erweitert, genügte die Kirche im 19. Jahrhundert nicht mehr. Sie wurde abgerissen, als die neue Kirche 1890/1891 gebaut wurde.

Heegermühle — **Eberswalder Straße**

Näherte man sich Heegermühle von Eberswalde aus, so begleiteten einem auf der Nordseite der Chaussee schon eine „Reihe" von einfachen Häusern, um die Mitte des 19. Jahrhunderts zwischen Ortsanfang und Forsthaus erbaut. Das eigentliche Dorf begann jedoch erst am „Kleinen Stern", hier auf einem älteren Foto zu sehen. Auf der Südseite der Chaussee drückte der Hochwald noch bis nach 1950 an die Straße. Ein 10 Kilometer langer Radweg von Finowfurt bis Eberswalde war 1938 fertig geworden. Die Kreisstraße selbst ist seit 1873 befestigt. Sie wurde 1900 modernisiert.

Im Jahre 1846 bekam der Büdner Carl Gundlach die Konzession, eine neue gastronomische Einrichtung in Heegermühle zu betreiben. Das „Schützenhaus" am „Kleinen Stern" entstand so. Messingwerk, Eisenspalterei und Wolfswinkel besaßen eigene Krüge. Aus dem alten Heegermühler Dorfkrug in der Mühlenstraße war 1854 ein Pfarrhaus geworden. Durch den Bevölkerungszuwachs und die Ziegeleiarbeiter rentierten sich bald weitere Gasthäuser.

Selbst alte Finower Bürger können sich kaum noch an ein Kaufhaus Rosenau in der Eberswalder Straße erinnern, eher an ein später dort befindliches Fahrradgeschäft und an eine Tankstelle. Die Finower Apotheke steht seit 1894 an der Ecke zur damaligen Kurzen Straße (im Hintergrund erkennbar).

Die ältesten Heegermühler Schulgebäude befanden sich neben der früheren Dorfkirche am Fuße des Kirchberges. 1801 war am Dorfanger bereits ein Neubau notwendig und fertig geworden. Die hier sichtbaren Schulgebäude, noch heute dort in Funktion, wurden 1868 und 1891 gebaut. 1877 unterrichteten in Heegermühle zwei Lehrer schon 257 Schüler in drei Klassen.

Eisenspalterei hatte seit 1830 eine eigene Schule, Messingwerk seit 1855.

Ein nur noch ganz wenigen ältesten Finowern so bekanntes Bild: Das 1901 entstandene „große" Heegermühler Schulhaus, bald aufgestockt und erheblich ausgebaut, letztmalig um 1930.

Der alte Heegermühler Friedhof, 1856 vom Kirchberg auf die andere Straßenseite verlegt, reichte dann auch hier bald nicht mehr für Bestattungen aus. 1897 entstand der neue, heute bekannte Friedhof auf Bauernland in der Biesenthaler Straße.

Die Biesenthaler Straße gehört zu den ganz alten Ausfallstraßen Heegermühles. Von hier ging es per Fuhrwerk nach Berlin. Wichtiger war für viele der Weg nach Biesenthal. Ab 1606 unterstand Heegermühle dem Amt Biesenthal verwaltungsmäßig. Erst im Laufe des 19. Jahrhunderts kam die Unterstellung unter die Kreisstadt Bad Freienwalde (O.). Das untere Foto schließt nach Osten hin an das Schulfoto der Vorseite an. Der Straßenname, schon 1888 bekannt, weist auf den bereits erwähnten alten Friedhof hin. Dessen letzte Gräber wurden in den dreißiger Jahren eingeebnet.

Finow (Mark)
Heegermühle   Brachlowstrasse

Kastanien-Allee

Feldstraße hieß die obere Straße anfangs. 1910 verlieh man ihr zu Ehren des langjährigen Ortsschulzen dessen Namen. Wie auch in Eberswalde trug die Eisenbahnlinie dazu bei, daß sich der Ort zuerst in Richtung Bahnhof ausdehnte (schon vor dem ersten Weltkrieg).

Heegermühle war lange ohne Arzt. Als sich Dr. Paul niederließ, entstand auch schnell ein Krankenhaus. Es wurde 1893 erbaut und lag idyllisch am Waldrand und am Weg zum Schwärzesee. Dem Krankenhaus schloß sich später ein Altersheim an. Der Schwärzesee gehört zu den schönen Naherholungszielen der Umgebung. Auf dem Territorium der dortigen Försterei arbeitete über zwei Jahrhunderte hindurch eine Teerschwelerei.

Der „Große Stern" in einer Gestaltung, die Jüngeren nicht mehr bekannt ist: Das im Vordergrund sichtbare Gebäude gehörte zu den wenigen in Finow, die durch Artilleriebeschuß im April 1945 in Brand gerieten. Auf dem Gelände wurde nach zwei Jahrzehnten eine Kaufhalle errichtet (heute Netto-Halle).

Man erkennt bereits das Profil, das den „Großen Stern" immer noch prägt. Vor dem Bau der Reichsautobahn fuhr man nach Berlin (siehe Richtungsschild auf dem Bild) über die Biesenthaler Straße. Zwischen Melchow und Biesenthal erhielt man Anschluß an die Chaussee nach Bernau-Berlin. Die Verbindungsstraße nach Biesenthal bekam 1927/1928 eine Teerdecke. Auf halbem Wege lud seit jener Zeit am Samiethsee ein schönes Ausflugslokal zum Verweilen ein (1945 zerstört).

Eine ältere Sicht von einem Gebäude am „Großen Stern" auf die nach Schöpfurth (seit 1929 Finowfurt) führende Straße. Sie ist heute die Hauptverkehrsstraße, die Eberswalde-Finow mit der Autobahn, der A 11, verbindet. Die Straßenbäume mußten weichen, als das Verkehrsaufkommen zunahm, die letzten Vorgärten auf der linken Seite, als die vorbildliche Radweganlegung 1938 Platz beanspruchte.

Fast das gegenwärtige Bild des „Großen Stern". Die Veranda des Gesellschaftshauses „Fuhrmann" (rechts im Bild) verschwand erst vor drei Jahrzehnten. Das „Sparkassengebäude" beherbergt auf dem Foto noch ein Geschäft.

Heegermühle, am Finowkanal

Die Wege an der einst stark befahrenen Wasserstraße strahlen seit längerem Ruhe aus. Angler und Fußgänger wissen das zu schätzen.

Vor dem Auge des historisch Kundigen steigt an dieser Stelle des Finowkanals die Erinnerung auf, daß am gegenüber liegenden Ufer, in Schleusennähe, einst Produktionsstätten lärmten: Zuerst mahlte die Wassermühle (bei ihr war im 13./14. Jahrhundert sogar ein Warenumschlagsplatz mit Zollstätte), im 17. Jahrhundert lagen hier der Heegermühler Eisenhammer, dann zum Blechhammer umgewandelt. Von 1730 bis 1760 arbeitete eine Papiermühle in diesem Gebiet.

Hegermühle Die Schleuse

Die alte Aufnahme läßt den früheren Schiffsverkehr auf dem Finowkanal etwas stärker erahnen. Die Kähne wurden von Schleuse zu Schleuse entweder per Stange gestakt oder von Pferden gezogen, die auf den dadurch gut betrampelten Böschungswegen (den „Treidelwegen") die Kähne an Seilen vorwärts bewegten. Die sichtbaren hohen Schornsteine gehörten entweder zum alten Messingwerk oder zu Ziegeleien.

Nach 1871 waren alle Finowkanalschleusen mit zweiten Schleusenkammern ausgestattet worden. Der starke Schiffsverkehr verlangte das. Achtunddreißig Ziegeleien produzierten am Kanal zwischen Liebenwalde und Liepe Millionen von Mauersteinen, die per Kahn meist nach Berlin gingen.

Die zweiten Schleusenbecken schüttete man in den dreißiger Jahren wieder zu. Der kleine Ausflugsdampfer, auf dem Bild erkennbar, transportierte vor dem zweiten Weltkrieg Kaffee- und Badegäste von Finow zum Mäckersee und zurück.

Auf dem Finowkanal wurden oberhalb der Heegermühler Schleuse gut besuchte Kanu-Regatten ausgetragen. Finow besitzt eine lange Tradition in der Pflege dieses Wasserrennsports. Kein Wunder, daß viel später, 1980, aus dem Finower Wasserrennsport ein Olympia-Silbermedaillengewinner hervorgehen konnte. Nach 1960 pflegte man bei uns leider nur noch den Kinderwassersport. Talente gingen danach zur weiteren Ausbildung nach Brandenburg (Havel).

Abb. 11. **Finow.** Heimstätten-Ziegelei bei Messingwerk, am Finowkanal. Angelegt im Jahre 1855

Die uns weithin bekannte Finower Industrie arbeitete in den Territorien der Werksiedlungen Messingwerk, Eisenspalterei und Wolfswinkel. Heegermühle dagegen war dicht von Ziegeleien umgeben. Elf Ziegeleien sind beim Ort nachweisbar an ihren hinterlassenen Restlöchern. Verschiedene Besitzer modernisierten die auf abgekauftem Bauernland entstandenen Betriebe immer wieder. Für die Belieferung Berlins günstiger gelegene neue Ziegeleien bei Zehdenick beendeten den „Hauptboom" bei uns schon vor 1914.

Abb. 13. **Finow. Tonwerk Heegermühle, ehemals Steinerwerk, vormals Ziegra**

Die auf beiden Fotos dargestellten Ziegeleien arbeiteten westlich von Heegermühle am Finowkanal. Die östlich, in Richtung Wolfswinkel, gelegenen Betriebe gingen als erste zum Teil schon vor der Jahrhundertwende wieder ein (z.B. Grube, auf der das „Haus der Kultur" errichtet wurde).

Abb. 16. **Finow. Baggerbetrieb in der neuen Tongrube der Heimstätten-Ziegelei**

Ein früher in allen Ziegeleigruben gewohnter Anblick. Wenn die Bagger dann die „Sohle" der Tonschicht erreicht hatten, „soff" die Grube oft so schnell ab, daß in einigen das Gerät nicht mehr gerettet werden konnte und im entstehenden Restloch blieb.

Die Heimstättenziegelei und das Tonwerk Finow arbeiteten noch bis in die dreißiger Jahre unseres Jahrhunderts. Sie lieferten ihre Erzeugnisse für die neuen Siedlungen in Finow, Finowfurt und Umgebung.

So sahen die Gruben anfangs aus, wenn die Tongewinnung beendet war. Ganz einig werden sich die alteingesessenen Bildbetrachter nicht: Die Postkarte könnte das Gebiet zeigen, wo heute das Wohngebiet „Kleine's Berg" und die Bushaltestelle Mühlenstraße/Walzwerk liegen. Bei den vielen damaligen Ziegeleirestlöchern in Finow sind aber auch andere Standortdeutungen möglich.

An den Ziegeleibesitzer Kleine erinnert der eigenartige Finower Straßenname „Kleines Berg".

Finow, Schwanenteich

Arbeitslose Finower machten aus „Brauer's Grube", ebenfalls ein Ziegeleirestloch, in der Weltwirtschaftskrise im Rahmen von sogenannter Pflichtarbeit eine zentral im Ort gelegene Naherholungsanlage. Sie wurde dort, wo nach 1945 das VdN-Denkmal aufgestellt wurde, durch einen „Rosengarten" ergänzt.

Östlich vom „Schwanenteich", auf dem Gebiet der Minoltankstelle, hatte Finow seinen „Marktplatz".

8: Der Finowkanal in der Gegend des M. E. W. (der alte Ziegeleischornstein ist inzwischen ver[schwunden])
Aufnahme 1917

Auf Ziegeleigelände wurde 1909 eine für das Industriegebiet Eberswalde-Finow sehr wichtige Einrichtung eingeweiht. Ein von dem bekannten Erfinder Dr. Klingenberg damals gebautes äußerst modernes Musterkraftwerk, das Vorbild für das spätere Berliner Großkraftwerk Klingenberg, nahm seine Arbeit auf und revolutionierte im Finowtal die betrieblichen Antriebe und die Beleuchtung. Die „Märkische Elektrizitätswerks AG" (M.E.W.) verlegte 1910 den Verwaltungssitz in die Kraftwerksnähe, nach Eberswalde-Westend (Nach 1945 sowjetische Kommandatur).

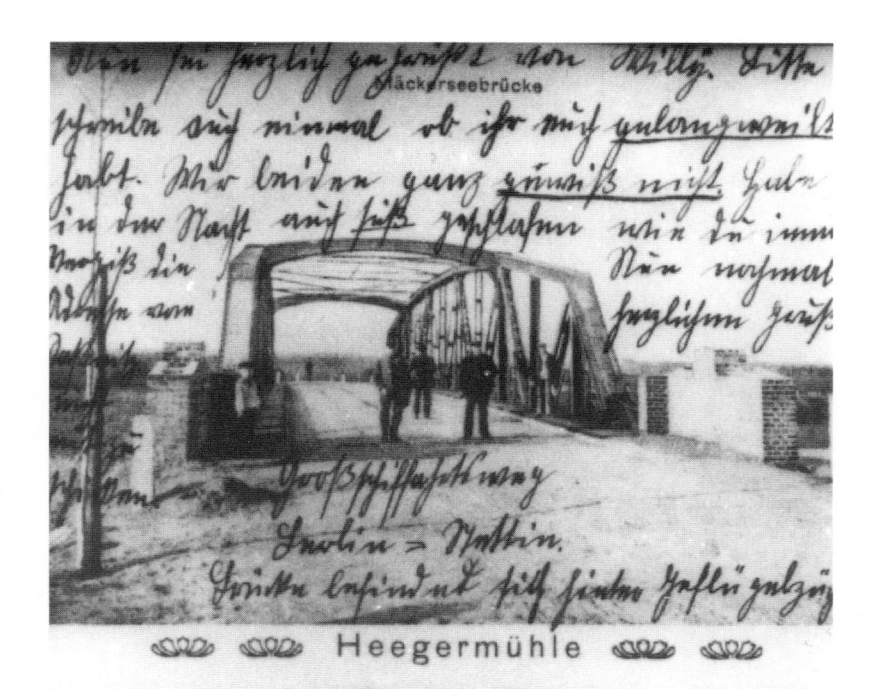

Eine Postkartenrarität aus älterer Zeit: Die Mäckerseebrücke mußte durch den Bau den neuen Kanals entstehen. Sie wurde 1910 dem Verkehr übergeben (1945 gesprengt). Die Kanaleinweihung war erst 1914. Das Elektrizitätswerk noch vor dem weiteren Ausbau. Dann kennzeichneten sechs, später acht Schornsteine die Werkssilhouette (Teile der Kesselanlagen wurden 1945 demontiert). Bis vor kurzem Heizwerk für Neubaugebiete.

Finow – Durchstichkanal

Der idyllisch gelegene Durchstichkanal zum Finower Mäckersee ist heute von Kleingartenanlagen eingerahmt. Die abgerissene Brücke am Einfluß in den Finowkanal verhindert gegenwärtig die Begehung des „Treidelweges" auf der Nordseite des Kanals in Richtung Finowfurt. Der Durchstichkanal hilft mit, die Wassertiefe des Finowkanals konstant zu halten. Die letzte, bis 1984 arbeitende Ziegelei Finows, besaß im Durchstichkanal einen Verladehafen. Auf die Sonderbedeutung des Durchstichkanals für den großen Oder-Havel-Kanal wird noch eingegangen werden.

Da in der Nähe des schön gelegenen Mäckersees einst ein Herr Mäcker eine Ziegelei betrieb, nimmt man leicht an, der See sei, wie die anderen Wasserflächen, mit der Ziegeleigeschichte verbunden. Aber schon im Carolingischen Landbuch von 1375, für die frühe brandenburgische Regionalgeschichte von grundlegender Bedeutung, wird der See erwähnt, später auch manchmal als „Schulzensee" bezeichnet.

Den großen Fischzug hatten auf dem See lange die Lichterfelder Gutsherren. Der Heegermühler Ortsschulze durfte einen Angelkahn stationieren.

Heute versteckt zwischen Baumbestand, befindet sich westlich von der Mäckerseebrücke an der Kanalböschung eine wichtige technische Anlage für den Betrieb des Oder-Havel-Kanals. Ein Ablaßschütz ermöglicht es, Teile des Kanals, begrenzt durch die Wassertore, hier zum Mäckersee und über den Durchstichkanal zum Finowkanal hin ablaufen zu lassen. In den fünfziger Jahren unseres Jahrhunderts mußte man den Ablaß einmal praktizieren, um den Kanal von versenktem Kriegsmaterial zu befreien und Böschungsreparaturen durchführen zu können.

FINOW　　　　　　　　　　　　　　　　　　　　　　　　　　　　　　FREIBAD MÄCKERSEE

Im Jahre 1930 erhielt Finow am Mäckersee eine Badeanstalt. Das Restaurant auf den Terrassen war, wie das Bad, in der Saison gut besucht. Da sich der Sommerschwimmsport in der Badeanstalt entwickelte, finanzierte die Stadt 1938 eine Modernisierung. Es entstanden für Wettkämpfe geeignete Schwimmbahnen, in Holzkonstruktion ausgeführt. Leider verfiel all das in den letzten Jahren erheblich, was hier mit Fleiß geschaffen worden ist. Jetzt sind Bemühungen um eine Veränderung erkennbar.

Im Vordergrund des Bildes ist der Einlauf des auf der Vorseite beschriebenen Ablasses des Oder-Havel-Kanals in den See sichtbar. Eine Wand auf der Westseite des Mäckersees ist Überrest der Preßanlage für Tonquader, verwendet als Untergrund für den Oder-Havel-Kanal.

Heegermühle hat erst spät einen Bahnanschluß bekommen. 1907 wurde eine privat errichtete und betriebene Kleinbahnstrecke eingeweiht (in Preußen eine Seltenheit). Sie erleichterte vorerst vor allem den Transport der Holzfertigerzeugnisse aus Schöpfurth (seit 1929 Finowfurt) zum Eisenbahnknotenpunkt Eberswalde. Wichtige Werke am Finowkanal nutzten noch lange auch den Wassertransport. Aber die Besitzer der Papierfabrik Wolfswinkel drängten seit 1842, dem Jahr der Schaffung der Bahn, auf die Verbesserung der Wege zur Eisenbahnlinie in Eberswalde. Am Bahnhof Heegermühle siedelte sich 1909 ein weiteres Industrieunternehmen an (Galkowski & Kielblock).

Bild 3. Der Schienenomnibus, der seit 8. 10. 1933 verkehrt

Erheblicher Güterverkehr lief auf der Kleinbahnstrecke. Doch auch Personenzüge wurden gebraucht. Aber an den Wochentagen reichte außerhalb der Spitzenzeiten meist der beliebte „Schienenzepp". Er fuhr noch bis Anfang der sechziger Jahre. Kraftomnibusse („Postautos") ergänzten ab 1924 den Personentransport. In die Betriebe radelten die meisten Arbeiter und Angestellten.

1901 öffnete in Heegermühle die Restauration Meyer mit großem Saal und um die Gebäude gruppierte Sportanlagen ihre Pforten, „Sportpark" genannt. Tausende tummelten sich hier manchmal, Sänger aus dem ganzen Land Brandenburg und Berlin, Sportler. Auch bedeutende politische Treffen und Veranstaltungen sah das Gelände, vor allem in der Zeit der Weimarer Republik. 1910 fand im „Sportpark" erstes Kino statt. Nach 1945 wandelte sich der „Sportpark" zum Kulturhaus der sowjetischen Militärfliegergarnison. Die großen Gebäude aus Holz verfielen infolge mangelhafter Pflege allmählich, mußten abgerissen werden.

Bild 3. E. Meyers Rennbahn im Jahre 1904 (Aufn. Szafranski)

Im „Sportparkgelände" zog insbesondere die Bahnradbahn immer wieder Aktive aus nah und fern an, natürlich auch Zuschauer. Hier wurden viele Rennen hinter Schrittmachermotorrädern gefahren. Finow war eine Hochburg des Bahnrad- und Motorradsports.

Die Bahnradbahn, schon vor dem ersten Weltkrieg existierend, wie das Foto zeigt, entstand nach jenem Krieg in modernisierter Form ein zweites Mal. Im Innenraum der Bahn trug man Fußballspiele aus.

*Finow
Am Stadion*

„Hellas", der bekannteste einheimische Fußballverein, brauchte aber wegen der vielen anderen Veranstaltungen im „Sportparkgelände" einen eigenen Spielplatz. Er entstand um 1923/1924 im Südwesten Heegermühles am Waldrand. Das „Stadion", ein Schlackeplatz, bekam Ende der zwanziger Jahre als Nachbarn eine Jugendherberge und eine „Waldschule". Die Baracken wurden kurz vor dem zweiten Weltkrieg und im Krieg als Unterkünfte halbmilitärischer und militärischer Art genutzt. Nach dem zweiten Weltkrieg blieb das so. An das „Stadion" erinnern sich nur noch die Älteren. Im Volksmund bürgerte sich für das Gebiet „Hubschrauberlandeplatz" ein.

*Abb. 8a. **Heegermühle.** Industriesiedlung. Architekt: Professor Paul Mebes, Berlin

Nach dem ersten Weltkrieg dehnte sich Heegermühle nach Westen aus. Hinter dem Postgebäude und hinter dem „Sportpark" entstanden Eigenheimsiedlungen verschiedener Art. Sie grüßen heute als erste die von Finowfurt in den Ortsteil Finow der Kreisstadt einfahrenden Besucher. Die abgebildete „Heimstättensiedlung" wurde auf Initiative der Hirsch-Kupfer- und Messingwerke gebaut. Sie reaktivierten für den Bau die nahe „Heimstättenziegelei".

Finow — Siedlung am Bahnhof

1929 dehnte sich das nunmehrige Finow erstmalig auch über Kleinbahnlinie nach Süden aus. Vom „Stadion" und von der Schießbahn des neuen Schützenplatzes umrahmt, lockte und unterstützte eine Kreissiedlungsgesellschaft „Häuslebauer". Hundertsechs Familien zogen bereits 1930 in ihre Eigenheime oder in das architektonisch gut in die Siedlung eingepaßte „Torbogenhaus" ein, ein größeres Mietshaus, am linken Bildrand zu sehen.

Die aus der Bahnhofsperspektive vorgesetzte sogenannte „Fliegersiedlung" entstand 1937/38.

Der größte Eigenheimkomplex Finows, ein in sich abgeschlossener Stadtteil, entstand nach der Grundsteinlegung im März 1934 nördlich vom Oder-Havel-Kanal. Die Idee für den Siedlungsbau hatte Siegmund Hirsch. Aus dem Bodenfonds der Hirsch-Kupfer- und Messingwerke stammte auch das Bauland. Das Stammpersonal der großen Werke sollte in verschiedenen Teilen Deutschlands für Betriebstreue belohnt und zu Betriebstreue animiert werden. Die NSDAP konnte solche Siedlungen als ihr Aufbauwerk nach 1933 feiern.

Finow (Mark) Dietrich-Eckart-Siedlung

Finow (Mark), Rathaus

Für viele Bürger sind die Jahre von 1934 bis 1939 eine Zeit gewesen, in der durch die einsetzende wirtschaftliche Belebung sichtbar Wohnungsbau und auch infrastrukturelle Leistungen einen Aufschwung nahmen. Fünfhundert Wohnungen konnte Finow bis 1939 neu vermelden. Das Rathaus entstand. Viele Straßen erhielten neue Decken und Bürgersteige. Der den ganzen Ort durchziehende Radweg wurde gebaut. Parks nahmen Gestalt an. Daß die Industrie Finows sich in eine einzige große Rüstungsschmiede verwandelte, verdrängte man solange, bis man das Produzierte dann zum Teil selbst in die Hand bekam.

Finow, Horst-Wessel-Park u. Ev. Kirche

Die Umgestaltung des alten Heegermühler Friedhofs zu einer Parkanlage konnte man nach Ablauf der letzten Liegezeiten 1935 in Angriff nehmen und über die Namensgebung und eine Denkmalsaufstellung propagandistisch ebenfalls für die NSDAP nutzen.

Die Predigten des Pfarrers der evangelischen Kirche Finows fanden nicht immer den Beifall der Regierenden. Der Pfarrer war kein Freund von neuer Kriegsbegeisterung. 1934 hatte Finow in der Bahnhofstraße eine weitere, eine katholische Kirche, bekommen.

Bild 1. Der Horst-Wessel-Stein auf der Reise durchs Dorf

Eine örtliche Attraktion im Mai 1935, wenige Monate vor der Erhebung Finows zur Stadt. Der bei Arbeiten am Schwanenteich freigelegte ansehnliche Findling wurde in den neuen Park transportiert, mühselig, wie man sieht. Er sollte im Park ein propagandistisch gedachtes Denkmal ersetzen. Das entschied man dann anders und stellte zusätzlich ein Denkmal auf.

Villa Achilles Finow (Mark)

Ein „naives" Baukunstwerk schuf sich der Schausteller, Eis- und Heringshändler Achilles in der Poststraße, eine beschmunzelte „Sehenswürdigkeit" Finows. Die „Märchenvilla" konnte schon auf Grund des verwendeten Baumaterials nicht viele Jahrzehnte überdauern. Die Lage in einem Sperrbezirk nach 1945 beschleunigte den Verfall zur Ruine.

Es war 1698 nicht klar, ob Blechhammer und Messingwerk in Heegermühle nebeneinander existieren sollen. Aber schon wegen der Wassernutzung für die Antriebe (Wasserräder) errichtete man das Messingwerk einen halben Kilometer weiter aufwärts. Als der Blechhammer nach der Inbetriebnahme des Messingwerkes im Jahre 1700 dann allmählich einging, entwickelte sich eine selbständige Werkssiedlung Messingwerk, als Gutsbezirk. 1920 bekam Messingwerk eigene Gemeinderechte. Auf dem Bild ist das Siegel. 1928 wurde Messingwerk in das neue Finow eingemeindet.

Im Messingwerk waren Fachleute tätig, deren erste Generation aus dem Erzgebirge stammte, einzelne sogar aus Schweden. Die Kenntnisse vererbten sich in den Familien auf die Söhne und Enkel. Die Bewohner der Werkssiedlung waren privilegiert. Für sie gab es als Knappschaftsmitglieder schon seit dem 18. Jahrhundert Witwen- und Krankenunterstützung, später auch Pensionskassen. Kein Wunder, daß Messingwerk nicht nur äußerlich durch eine Mauer umschlossen war. Man lebte auch in Gewohnheiten und Denkweise etwas isoliert von der dörflichen Umgebung.

Gruss aus Messingwerk. 1899.

Zander & Labisch, Phot., Berlin W. 1899.

Diese aus dem Jahre 1899 stammende Postkarte erbringt uns den Beweis, daß die gußeiserne „Teufelsbrücke" über dem Zufluß zur Freiarche erst etwas später montiert wurde. Das obere Foto zeigt noch eine Holzkonstruktion. Freiarchen waren durch Schütze sperrbare Seitenabläufe des Finowkanals bei den Werken. Sie bewerkstelligten den notwendigen Wasserzufluß für die oberschlächtigen Wasserräder der Betriebe. Messingwerks letztes Wasserrad arbeitete bis 1913.

Eine schöne Aufnahme der heute unter Denkmalschutz stehenden gußeisernen „Teufelsbrücke". Uns fehlt immer noch der Beleg dafür. Aber hartnäckig geistert im Volksmund die Vermutung herum, die Brücke wäre zuvor schon einmal in Liepe aufgebaut gewesen.

Die durchgängige „Treidelweg"-Führung für die Möglichkeit, die Kähne mit Pferden vom Ufer aus zu ziehen, erzwang die Überbrückung der Freiarche. Selbst vor dem Werk lief ein begehbarer Holzsteg (siehe auch Folgefoto).

HEEGERMÜHLE.   MESSINGWERK.

Das frühere Messingwerk am Finowkanal. Das erste Gebäude an der Straße hinter der Brücke stellt die alte Messingwerker Schule dar. Am Wasserturm ist noch ein Baugerüst zu sehen. Also stammt die Aufnahme aus dem Jahre 1918. Da wurde er fertig. Am 12. Juli 1917 hatte man den Grundstein gelegt. Zuvor lag bereits vom Feldmarschall Paul von Hindenburg die Genehmigung vor, dem Turm seinen Namen geben zu können.

Finow (Mark)   *Am Finowkanal*

Ein erster Bahnanschluß des alten Messingwerkes endete vor der Messingwerkbrücke. Das Fachwerkgebäude der Güterabfertigung steht sogar noch (bis vor wenigen Jahren „Fahrradreparatur Koeppen"). Das 1920/1921 in Betrieb genommene große Neuwerk bekam über die auf dem Foto sichtbare Brücke eine neue Bahnzuführungslinie von Finow aus, sogar mit Personenbahnsteig, am „Kopfbau" des Werkes endend.

Schon auf der ersten alten Postkarte zum Ortsteil Messingwerk fehlt er, der „Torbogenbau". Hier ist ein weiterer Beweis, daß das imposante Torbogenhaus erst nach der Jahrhundertwende als neues Verwaltungszentrum des expandierenden Messingwerkes entstand und geschickt in die Siedlung eingefügt worden ist.

Der „Torbogenkomplex". Das Foto zeigt aus umgekehrter Sicht die uralten Messingwerk-Wohnhäuser aus dem 18. Jahrhundert. Das Armee-Lager begann vor einigen Jahren durch Lagerplatzausdehnungen und Neubauten, das Gesamtbild der alten Werkssiedlung zu zerstören. Jenseits der Straßenseite befindet sich heute in dem vorherigen neuen Unterkunftsgebäude der NVA das Kreiswehrersatzamt der Bundeswehr.

Das sogenannte „Beamtenwohnhaus" der alten Messingwerkwohnsiedlung. Die jüdische Familie Hirsch aus Halberstadt übernahm beim Kauf des Messingwerkes im Jahre 1863 neben den Arbeitern auch die Angestellten des vorherigen preußischen Staatsbetriebes.

Die alte Werkswohnsiedlung in ihrem westlichen Teil in einer Aufnahme kurz nach der Jahrhundertwende. Das „Torbogenhaus" ist schon im Hintergrund sichtbar. Aber die Neubauten hinter dem mit dem Giebel zur Straße stehenden Reihenhaus scheinen noch nicht begonnen zu sein. Mit den großzügigeren Neubauten am „Joseph-Hirsch-Platz" wurde auch eine Verbesserung der Straßenverhältnisse vorgenommen.

Messingwerk.

Die erneuerte Hauptstraße der Messingwerkwohnsiedlung. Im Vordergrund das neben Adler-, Löwenapotheke und Schicklerhaus (Alte Forstakademie) in Eberswalde schönste Haus der zusammengelegten Kreisstadt, das Kgl. Hüttenamt in Messingwerk, harmonisch mit dem Torbogenkomplex und der Hirsch-Villa verbunden. Das Hüttenamtshaus hat schon Friedrich Wilhelm I., den „Soldatenkönig" und seinen Sohn, den späteren König Friedrich II., 1727 in seinen Zimmern gesehen. Das „Hüttenamt" muß dringend restauriert werden.

Messingwerk

Die jüdische Familie Hirsch war eng mit religiösen Einrichtungen und dem Jüdischen Friedhof in Berlin, in Weißensee, verbunden. Aus dem alten Feuerwehrhaus im Vordergrund entstand aber auch in Messingwerk eine kleine Synagoge. In dem Gebäude wurde 1913 der bei Ausschachtungsarbeiten für die Neubauten in der Wohnsiedlung ausgegrabene berühmte Goldschatz aus der Bronzezeit erstmalig der Öffentlichkeit gezeigt.

Messingwerk

Ein wirklich auch schon historisches Foto. Während ganz im Vordergrund die Häuser und Stallungen zu sehen sind, wo der Goldschatz gefunden wurde, erkennt man weiter rechts die 1923 eingeweihte schöne neue Schule von Messingwerk. Auf der Südseite des Finowkanals steht die damals noch arbeitende Heimstättenziegelei sowie dahinter „Brauer's Berg". Die Siedlungen bei „Weber's Ablage", alles mit der Ziegeleigeschichte verbundene Namen, existieren noch nicht. Die Aufnahme wurde vom Wasserturm aus gemacht, wahrscheinlich 1924/1925.

Messingwerke – Finow

Den Demontagearbeitern blutete das Herz 1945/46. Die modernsten Messingwerke Europas, im ersten Weltkrieg konzipiert, mit Kriegsgewinnen finanziert, dann aber auch seit 1921 mit Zivilerzeugnissen die halbe Welt beliefernd, verschwanden als Produktionsstätte für Messing wieder. Ob der Betrieb in der Sowjetunion annähernd die Vorkriegsproduktion der 24 Elektroöfen erreichen konnte? Auf dem Finower Gelände entstand später wieder ein Walzwerk. Es hatte wohl ein gewisser Fluch auf der Messingwerkanlage gelegen. Die Spitzbogenhallen waren 1917 in Nordfrankreich als Kriegsbeutegut für das neue deutsche Werk abgerissen worden. Die Messingwerke fungierten von 1933 is 1945 als bedeutender deutscher Geschoßhülsen- und Patronenproduzent.

Finow-Messingwerk. Hindenburgturm und Kupferhäuser

Ende der zwanziger Jahre versuchten die Messingwerke über eine Fertigproduktion von „Kupferhäusern" einen neuen Marktzweig aufzubauen. Die 5 verschiedenen Musterhaustypen stehen heute noch, zum Teil unverändert. Sie sind, lange nicht so gesehen, ein Element der bekannten „Bauhaustradition".

Die neuen Messingwerke erschlossen sich als erste den Oder-Havel-Kanal auch als Verladeplatz. Das Geheimwerk für Bordwaffen- und Gewehrmunition, „Waldeslust", ab 1934 halb unterirdisch aufgebaut, lag direkt neben dem Kanal.

1765 war nach Zerstörung durch Kosaken im Siebenjährigen Krieg eine neue Heegermühler Papiermühle im „Wolfswinkel" produktionsbereit. Friedrich II. weihte sie ein. Ganz in der Nähe arbeitete schon länger die „Eisenspalterei". Beide Werkssiedlungen besaßen Gutsbezirkscharakter. Hier das Siegel des einen Gutsbezirks. 1926/1927 versuchten sich beide durch Bildung eines Amtsbezirks Wolfswinkel, zusammen mit Kupferhammer und Spechthausen geschaffen, der Eingemeindung in Finow zu entziehen. Das mißlang.

Durch Carl Blechens Gemälde wurde die Finower „Eisenspalterei" Kunstinteressierten um 1830 bekannt. Das „Franzosenwalzwerk", mit Genehmigung des Hofes von Hugenotten auf eigene Kosten errichtet, begann 1700, im gleichen Jahr wie das Messingwerk, zu arbeiten. Zwei Kilometer weiter östlich hämmerte seit 1604 schon ein Kupferhammer. Am Finowkanal lag also ein metallurgisches Zentrum Brandenburg-Preußens, ein kleines „märkisches Wuppertal". Die Eisenspalterei machte Höhen und Tiefen durch. Schnell wurde der Drahthammer wieder geschlossen. Durch die Familie Motz 1879 übernommen, boomte für längere Zeit vor allem die Hufeisenrohmaterialproduktion. Der Walzwerkteil ging in der Weltwirtschaftskrise 1930 bankrott. Im Jahre 1947 nahm das Walzwerk, mühselig entrostet, noch einmal für die SBZ die Produktion auf.

Maschinenfabrik Frz. Seiffert & Co. A.-G. Heegermühle — Eisenspalterei

Am Lichterfelder Weg arbeitet schon vorher eine kleine Eisengießerei. Der Berliner Maschinenbauingenieur Seiffert kaufte den Betrieb 1898 auf und entwickelte ihn durch erheblichen Ausbau zu einem führenden deutschen Werk für die Produktion und Montage von Hochdruckdampfrohrleitungen. Nach dem Tode Dr. Franz Seifferts im Jahre 1932 gelang es wenige Jahre später dem Mannesmann-Röhrenkonzern, sich die Aktiengesellschaft unterzuordnen. Der Demontage als Rüstungsbetrieb entging das Werk nach Verhandlungen dadurch, daß eine sowjetische Panzerreparaturwerkstatt in einer Halle die Arbeit aufnahm. Diese „Betriebszuteilung" hielt bis in die Gegenwart an.

Heegermühle-Ost   Drehnitzstraße

Die alten Wohnsiedlungsteile von Eisenspalterei, schon bei einem Streik im Jahre 1909 als primitiv und vernachlässigt angeprangert, wurden vor zwei Jahrzehnten abgerissen. Der „Hüttengasthof", am Beginn des 18. Jahrhunderts als Privileg für Werkssiedlungen entstanden, blieb. Der modernere „Lindenhof" dagegen, im jüngeren Teil des Ortsbereiches gelegen, verfällt seit längerem. Die auf dem Foto dargestellte Straße erhielt im September 1910 ihren Namen nach dem nahegelegenen Fließ, das schon im Grenzbrief von 1300 Eberswalde und Heegermühle mit ihren Gemarkungen und Waldungen trennte.

Abgang einer Auslandsendung von Inlaid-Linoleum
der Deutschen Linoleum- und Wachstuch-Compagnie, Rixdorf, zur Abfahrt fertig vor der Fabrikeinfahrt

Eine Erstaunen hervorrufende Aufnahme aus dem Jahre 1903: Das Werk ist größer als für die damalige Zeit vermutet. Der Weg, auf dem die Fuhrwerke stehen, kann nicht die Chaussee Eberswalde-Heegermühle sein (siehe Werksschornsteinlage). Oder doch? Wie dem auch sei. Anscheinend von den Papierfabriken Wolfswinkel und Spechthausen als Cellulosefabrik 1881 gebaut, wechselte die Anlage schnell Produktion und Besitzer. Erst Berlin-Rixdorf unterstehend gehörte das Werk kurz vor dem ersten Weltkrieg den Delmenhorster Linoleumwerken. Nach dem Weltkrieg baute Schering den Betrieb zu einer Chemischen Fabrik um. 1945 zum Teil demontiert.

Später bekannter Chemiebetrieb der DDR.

Die Chemische Fabrik des Schering-Konzerns in einer Sicht, die noch mit der Gegenwart vergleichbar ist

Im Finower Stadtbereich befinden sich drei verschiedene Schleusenanlagen des Finowkanals. Die Wolfswinkler- und die Drahtkammer-Schleuse kennen wegen ihrer Lage nur verhältnismäßig wenig Bürger.

Abb. 18. Papierfabrik **Wolfswinkel**, Wasserseite, Aufnahme 1929

Im Jahre 1929 wurde die seit 1917 im Siemensbesitz befindliche Papierfabrik mit der damals modernsten Papiermaschine Europas bestückt. Die Anlage fertigte vor allem Isolierpapier für die Kabelproduktion in den Berliner Werken. Auch die Finower Papiermaschine wurde 1945 Demontageobjekt. Das später produzierte Handbüttenpapier stellten durch die Ganzdemontage der Papierfabrik Spechthausen dort arbeitslos gewordene Spezialisten nun in Wolfswinkel als übernommene Abteilung her. In der Hauptsache fertigte der Staatsbetrieb in der DDR-Zeit technisches Papier.